STATUTS

DES

RÉPUBLICAINS

DE 1834

PRÉSENTÉS

A LA RÉPUBLIQUE

DE 1848.

LYON

CHANOINE, IMPRIMEUR ET LITHOGRAPHE

18, place de la Charité

1848

AVANT-PROPOS.

Nous avons pensé qu'il serait utile de soumettre
au jugement du public le résultat des séances de
la Convention républicaine de 1834, on verra de
quels sentiments étaient animés les hommes sérieux
du parti républicain à cette époque ; on verra sur
quelles idées ils voulaient fonder le triomphe de
leurs convictions, et au nom de quels principes ils
combattaient la monarchie. Tout le monde pourra
juger à quelles pensées est due la préférence du
peuple, quelle opinion peut revendiquer la consécration de la justice & l'autorité de la vérité ; au
milieu des dissentions intestines qui divisent les
républicains, nous apportons un élément essen-
tiel pour établir la séparation entre ce qui est équitable et ce qui est exagéré ; entre ce qui est utile
au pays et ce qui profite aux satisfactions personnelles de quelques ambitieux.

1848

STATUTS

DES

RÉPUBLICAINS

DE 1834,

PRÉSENTÉS

A LA RÉPUBLIQUE

DE 1848.

Ce n'est pas d'aujourd'hui que datent les divisions au sein du parti républicain. Heureusement si les prétentions dangereuses, si les maximes subversives comptent des adeptes parmi ceux qui croient défendre la République en exaltant leurs propres passions, la partie sage et raisonnable a toujours eu pour elle la force du nombre et l'autorité du talent.

Dès 1834, à ce moment où, sans pouvoir préciser l'avènement de la République des hommes sérieux, des penseurs profonds, des écrivains d'un grand mérite, discutaient avec indépendance et maturité les conditions auxquelles la République serait possible par la justice et la vérité ; ces hommes adoptaient des principes et en proscrivaient d'autres.

Aujourd'hui que l'heure est venue d'appliquer tout ce qu'il y a de grand et d'utile dans les idées républicaines et d'en éloigner tout ce qu'elles renferment d'odieux pour la morale, d'attentatoire à la liberté et de dangereux pour l'ordre public, nous sommes heureux de nous trouver parfaitement d'accord avec la règle de conduite adoptée en 1834 par les 85 délégués de tous les départements de France et signée par Armand Carrel; cette signature est le plus noble et le plus digne cachet qui puisse jamais servir de consécration à des principes sages et libéraux.

Ce qui va suivre est raconté par un témoin oculaire. Ces débats, dont le souvenir est si utile à consulter, ne pouvaient être rappelés avec plus de fidélité et surtout avec plus de courageuse franchise; nous les recommandons à l'attention de nos lecteurs et aux méditations de ceux qui auraient encore pour l'opinion républicaine une de ces défiances systématiques que la prévention peut seule entretenir.

Publier des documents positifs, applicables aux circonstances actuelles, mais peu connus jusqu'ici, tel est le but de cet écrit. — L'auteur, ou plutôt le narrateur, ne songe point à grossir la phalange des aspirants législateurs : aussi, en taisant son nom jusqu'à ce que les élections aient eu lieu, a-t-il voulu se soustraire au soupçon d'une réclame et non à une responsabilité qu'il ne fuira jamais.

«Dès 1832, les patriotes, éclairés par les mesures et les tendances du gouvernement dynastique, acquirent la certitude que les promesses de l'hôtel-de-ville, d'une *charte-vérité*, *d'un gouvernement populaire*, *à bon marché*, *entouré d'institutions républicaines*, n'étaient qu'un leurre; les atteintes dirigées contre la liberté de la presse, leur firent sentir la nécessité de créer, pour la protéger, des associations dans tous les départements. Les députés les plus influents de l'opposition en furent, presque partout les principaux fondateurs : des comités furent organisés dans les chefs-lieux de département avec des correspondants choisis dans les cantons.

« Pendant deux ans ces comités s'efforcèrent , par la voie de la presse, d'augmenter les associations , d'étudier les besoins de l'époque, de provoquer du gouvernement les améliorations praticables et de signaler ses fautes.

« En 1834, une assemblée générale des associations de France , dont les listes réunies représentaient plus de 300,000 adhérents, influents et éclairés, de toutes les classes, fut convoquée à Paris : chaque comité départemental y envoya un délégué. Cette assemblée était composée, en majeure partie , de députés et des publicistes les plus distingués ; nonobstant la session des chambres et le grand procès d'avril à la cour des pairs , où figuraient comme accusés et comme défenseurs divers membres de l'assemblée générale, celle-ci eut pendant plus d'un mois des séances presque quotidiennes.

« Les questions les plus importantes y furent discutées et résolues : ainsi l'avènement de la République fut presque unanimement prévu et accepté. Joseph Bonaparte fit offrir directement à l'assemblée l'épée de l'empereur, enrichie de diamants, pour en employer la valeur dans l'intérêt de la liberté de la presse , en demandant seulement qu'à la chute de la dynastie d'Orléans les droits à l'empire fussent, non pas reconnus , mais seulement réservés; cette dernière condition fut mise en délibération et formellement repoussée.

« La constitution de la république future, essentiellement élective, était centrale pour la confection et l'exécution des lois comme pour toutes les questions d'intérêt public ; mais elle laissait aux conseils électifs des localités l'administration de leurs propriétés et intérêts divers, départementaux et communaux , tout en les soumettant à des règlements et à des contrôles uniformes, et l'intervention de l'autorité supérieure dans le cas de conflits. Ainsi disparaissait, sans nuire à la force et à l'unité nécessaires au gouvernement , cette bureaucratie tracassière , ignorante des faits et des besoins des localités par suite de son éloignement , souvent influencée et apportant des entraves et des retards nuisibles dans les questions les plus simples et les plus urgentes.

« A l'extérieur , la République aurait repoussé les conquêtes, mais non l'agrégation des peuples qu'autoriseraient tout à la fois leur libre volonté et leur situation topographique.

«Elle voulait, l'assemblée générale, toutes les améliorations qui lui paraissaient praticables , l'ordre et l'économie dans toutes les administrations, la suppression des doubles emplois et des sinécures , une diminution notable dans les gros traitements, une profonde modification dans l'assiette de l'impôt, de manière à atteindre graduellement et proportionnellement le revenu mobilier et immobilier ; puis l'abolition de certains impôts et la diminution d'autres qui pèsent principalement sur les classes les moins aisées; ces classes devaient, en même temps, être éclairées et moralisées au moyen de l'enseignement gratuit.

« Elle avait compris que l'industrie et le commerce ont besoin , par-dessus tout, de sécurité et de liberté , et que leur domaine ne se borne pas à Paris, à Lyon , ni même à la France ; mais qu'il embrasse le monde entier : qu'ainsi leur prospérité et leur existence elle-même dépendent d'une foule de circonstances qu'on ne peut ni réglementer , ni prévoir, celles de la concurrence étrangère et nationale , de nouvelles découvertes dans les arts et les sciences , la volonté, le caprice du consommateur , du capitaliste , du fabricant, de la mode , du prix des matières premières , des denrées alimentaires , etc. Dès lors , l'Assemblée générale avait reconnu l'impossibilité de toucher à l'industrie et au commerce autrement qu'en propageant et en encourageant l'esprit d'association. Cette méthode véritablement fraternelle avait été, d'ailleurs, essayée avec succès par des sucreries indigènes dans le nord de la France : elle consiste , tout en attribuant aux ouvriers leur salaire ordinaire pour une fabrication moyenne fixée par jour ou par semaine , à augmenter ce salaire pour tous et proportionnellement aux grades divers , à raison de l'accroissement de cette même fabrication moyenne : le montant de cette augmentation devait être placé tous les mois à la caisse d'épargne du département , au profit de chaque ouvrier, afin qu'il y trouvât une ressource dans l'avenir pour les temps difficiles. De cette manière, les ouvriers avaient un intérêt commun à éviter les pertes de temps et les dégâts , puisqu'ils y étaient directement intéressés ; c'est ainsi que s'établissait entre le fabricant et l'ouvrier des liens de fraternité qui , pour être durables , doivent être librement consentis et non pas imposés et réglementés par la loi. L'avenir démontrera si ce mode n'est pas le seul praticable , et s'il n'y a pas déception et imprudence dans les utopies aujourd'hui produites.

« L'Assemblée voulait encore que pour secourir l'industrie et l'agriculture, et les mettre à l'abri de l'usure, on organisât dans chaque chef-lieu d'arrondissement une banque hypothécaire sous des conditions telles que les propriétaires et les capitalistes y auraient eux-mêmes concouru spontanément , parce qu'ils y auraient trouvé toute sécurité. Déjà l'utilité de cette mesure a été comprise par le gouvernement qui vient de tomber, et un commencement d'exécution avait eu lieu ; mais la centralisation parisienne, l'intérêt de la Banque de France , des receveurs généraux et des gros financiers y ont mis obstacle.

« Le droit absolu d'association était reconnu , sauf à en réglementer les conditions même , pour les corporations religieuses de tous les cultes : seulement, il devait leur être interdit d'accepter des dons de quelque importance , d'acquérir des immeubles autres que les bâtiments nécessaires à leurs besoins. L'assemblée voulait par-là atteindre un double but : empêcher que les familles ne fussent spoliées par suite d'exaltations ou de captations religieuses, et qu'une partie considérable de la propriété amenée, par l'effet du temps, à l'état de main morte, ne devînt moins productive et ne privât en outre, le trésor public des droits importants de successions et de mobilisations.

« L'assemblée générale admettait en principe l'égalité relative mais non absolue : elle voulait bien détruire à jamais, par l'élection ou par le concours, les priviléges du favoritisme et ceux de la naissance qui lui paraissaient blessants ou injustes ; mais elle croyait , d'après l'expérience de tous les siècles et celle résultant, tout récemment , de nombreux essais d'éducations communes , qu'il est aussi impossible d'obtenir l'égalité dans les intelligences, les instincts, les goûts, les passions, que dans l'étendue, la forme et la conformation physique du corps : dès lors elle pensa qu'elle ne pourrait, sans absurdité et sans crime , décréter l'égalité dans les fortunes, puisqu'elle serait impuissante à la maintenir ; que cette tentative serait nécessairement précédée de la guerre civile et de l'anarchie ; que si elle devait réussir , elle aurait pour résultat infaillible de détruire toute émulation , tout progrès , et de condamner , à l'avance, la République à l'ignorance, à la dégradation et à l'invasion étrangère.

« Offrir à chaque citoyen l'éducation gratuite, les moyens

d'utiliser ses facultés intellectuelles et physiques , d'arriver aux distinctions et à la fortune par son mérite personnel et sa bonne conduite, c'était là tout ce que l'Assemblée espérait réaliser.

« La liberté individuelle, la liberté de la presse, la liberté de tous les cultes et par conséquent la liberté de l'enseignement furent reconnues , sauf le droit de surveillance et de répression formellement réservé à la République future contre l'émission de toute maxime tendant à son renversement et à celui de la morale publique.

« Les grands, les invariables principes d'ordre et de liberté furent donc unanimement proclamés , tel que le respect des propriétés, mobilière et immobilière, ainsi que de tous les offices, titres et autres droits quelconques acquis et transmissibles à prix d'argent, sauf le droit d'expropriation pour cause d'utilité publique avec indemnité équitable. Toute mesure contraire fut considérée, à l'avance, comme étant une confiscation odieuse, attentatoire à l'équité, digne d'un despotisme royal ou de la tyrannie de 93 : il en fut de même pour la prévision d'une banqueroute et de nouveaux assignats.

« Suivant l'Assemblée, la République à venir, au moyen de l'économie , de la moralité , de la probité, exigés sans relâche dans tous les rouages de l'administration, de la sécurité et de la confiance qu'elle inspirerait par là à tous les citoyens et aux gouvernements étrangers, en profitant des améliorations résultant de la première révolution et en évitant ses funestes excès , la République pourrait , sans aucun doute , acquitter loyalement toutes les charges de l'Etat et faire prospérer les finances.

« Ainsi, la proposition faite à l'Assemblée, à la fin de la session, par quatre ou cinq de ses membres, d'admettre dans son sein et de soutenir dans les départements au moyen des associations de la presse, une société nouvellement formée à Paris sous la dénomination de *Société des droits de l'homme* , fut-elle unanimement repoussée par un vote solennel et motivée de chacun des délégués, lorsqu'elle eut formulé ses principes :

« C'étaient ceux-ci :

« 1° A l'avènement de la République, suspension immédiate de la liberté individuelle et de la liberté de la presse, à l'effet d'infuser par la coërcition et de fortifier dans la nation le sentiment républicain dont elle ne paraissait pas être suffisamment imbue ;

« 2° Abolition immédiate du droit de propriété et d'hérédité dans les familles ;

« 3° Education commune et obligée de tous les enfants de la République , hors de toute influence de leurs parents ;

« 4° Etablissement des clubs sous les anciennes dénominations terroristes, Danton, Robespierre, etc. »

« Le vote répulsif et presqu'unanime de l'assemblée générale avait été précédé de huit jours de discussions , ou plutôt d'explications à l'effet d'éclairer les quatre ou cinq membres qui avaient fait cette fâcheuse proposition et les amener à la retirer spontanément.

« Armand-Carrel , surtout, dont les lumières , la haute intelligence et le patriotisme n'ont jamais été mis en question et dont la perte est aujourd'hui si regrettable , formula son opinion avec une lucidité et une énergie remarquables ; ce souvenir a dû d'autant moins s'effacer de la mémoire des membres encore vivants de l'Assemblée qu'il s'y joignit une particularité presque dramatique.

« Il stigmatisa l'odieux et l'inutilité de la confiscation de la propriété mobilière et immobilière sous prétexte d'un partage égalitaire impossible à maintenir.

« Imposer à tous les enfants de la République une éducation commune et les soustraire à la sollicitude et à la surveillance de leurs parents lui paraissait une monstruosité
à peine applicable aux républiques d'Athènes et de Sparte.

« Il repoussa formellement le rétablissement des clubs,
de sinistre mémoire, soit parce qu'ils rappelaient les plus
mauvais jours de la Terreur, soit parce qu'ils seraient avan-
tageusement remplacés par les associations dont le but
spécial, connu à l'avance serait plus utile et plus moral et
l'action plus calme et plus régulière : à cet égard , il pré-
tendait qu'on devait écarter avec soin tout souvenir, toute
espèce de conformité et de solidarité avec les crimes et
les souillures d'une époque contre lesquels les provinces ,
les campagnes surtout , avaient conservé une répugnance
et une antipathie très-prononcées; qu'il venait lui-même
de parcourir une partie de la France et que, sous ce rap-
port , il partageait l'opinion des autres délégués des départements; qu'il était donc nécessaire , tout en profitant
des améliorations qu'avait produites la première révolution , d'éviter désormais , autant que possible, les noms ,
les dénominations, le langage spécial et les excentricités
de cette époque; que d'ailleurs le progrès des arts et de
nouveaux besoins appelaient une république toute nouvelle, repoussaient une servile imitation et ne pouvaient
s'accommoder du bagage et des lambeaux pourris ou usés
de ces temps déjà éloignés.

« La proposition liberticide de suspendre immédiate-
ment la liberté individuelle et la liberté de la presse pour
mieux républicaniser la France , excita par-dessus tout
l'indignation d'Armand-Carrel ; il demanda combien de
temps durerait cette dictature, quelle garantie serait donnée aux citoyens non seulement pour cette durée , mais
encore pour le maintien de leurs fortunes et de leurs vies

contre les pouvoirs exorbitants et les intentions de ces pro-
consuls, et contre la hache de leurs licteurs ; il déclara
que, pour lui, ne voulant, à aucun prix, faire partie d'une
dictature ou d'un consulat dont la responsabilité lui paraissait trop lourde , il n'entendait pas non plus octroyer
volontairement , à l'avance, à qui que ce fût, le droit de
lui bâillonner la bouche , de briser sa plume, de l'empri-
sonner et de l'assassiner sans autre forme de procès ; le
tout au nom de la *liberté* , de l'*égalité* et de la *fraternité* ;
cette tyrannie lui paraissait pire cent fois qu'un despotisme
impérial ou royal.

« Armand Carrel termina son impétuense allocution par
une personnalité qu'il ne put maîtriser : ainsi, il déclara
qu'il éprouvait un profond regret et le plus vif chagrin de
se trouver en opposition sur ces questions majeures avec
son meilleur , son plus ancien ami, celui avec lequel il n'a-
vait cessé , jusques-là, d'avoir les relations les plus intimes ;
relations que le temps et les sympathies politiques sem-
blaient avoir fondées pour toute la vie , avec *Godefroid
Cavaignac* (présent à l'Assemblée , et qui était tout à la
fois l'un des délégués et président de la nouvelle Société des
Droits de l'Homme) ; mais qu'il ne pouvait , lui Carrel,
s'empêcher, malgré toutes ses répugnances, de lui signifier,
en présence de l'Assemblée , que si jamais les principes
odieux de cette Société avaient quelque chance de succès ,
il était résolu à les combattre non seulement par la voie
de la presse et tous les moyens légaux , mais encore *à
coups de fusil.*

« L'Assemblée générale , en se séparant , quelques
jours après, fit remettre à chacun des délégués un exem-
plaire lithographié , signé du président et du secrétaire ,
de toutes les délibérations de la session, avec invitation
de les remettre à leurs divers comités en les appelant à

voter, spécialement sur la Société des Droits de l'Homme.
Il fut convenu, de plus, entre les délégués que, partout
où les comités ne la repousseraient pas à l'unanimité,
chacun d'eux devrait non seulement se retirer de l'association, mais encore s'efforcer de l'éclairer sur ces odieuses
maximes, afin qu'elle ne contribuât pas, à son insu, à pro-
pager et à soutenir une œuvre si contraire à celle pour
laquelle elle avait été fondée originairement.

« M. Voyer-d'Argenson, qui était, tout à la fois, président de l'Assemblée générale des associations et vice-pré-
sident de la Société des Droits de l'Homme, a donné,
quatre mois après, sa démission de cette dernière qualité,
publiquement, dans un journal, et avec une amertume
qui a dû être comprise par plusieurs : on le lui avait pré-
dit. Aujourd'hui qu'il n'existe plus, cette circonstance
peut être mentionnée sans blesser les convenances.

« Quant à Armand Carrel et à Godefroy Cavaignac,
tous deux sont morts aussi et sans que ni l'un ni l'autre
aient répudié, ou modifié leurs convictions si profondé-
ment opposées. Cependant une immense population est
allée naguères, peu après l'avènement de la République,
au cimetière du Père-Lachaise, célébrer la mémoire et
faire l'apothéose de ces deux personnages politiques en
leur prêtant des sentiments, des convictions et des principes absolument identiques, et dans quel sens encore !...

« Le narrateur se serait probablement abstenu de re-
lever une erreur aussi énorme (car l'erreur et le mensonge
pullulent) si l'intérêt public ne lui en avait fait un devoir
et si ces documents ne se rattachaient pas, du reste, à des
appréciations, à des solutions utiles au salut de la patrie ;
il s'est borné, d'ailleurs, à rendre hommage à la vérité : sa

conscience, les nombreux témoins qui existent encore, les doubles des délibérations de l'Assemblée générale qui ne sont pas tous anéantis, une sorte de notoriété, s'accordent à le constater.

« UN DES DÉLÉGUÉS A L'ASSEMBLÉE GÉNÉRALE
DES ASSOCIATIONS, EN 1834 ».

Ce qui précède a déjà paru dans le *Journal de l'Ain*, mais sans le nom du narrateur. Plus heureux que notre confrère, nous pouvons offrir à nos lecteurs la déclaration suivante de M. Morellet, délégué à la réunion Républicaine de 1834, pour le département de l'Ain :

« Depuis la publicité donnée à ces statuts, quelques approbations confidentielles sont venues, à la vérité, confirmer l'exatitude rigoureuse de mes souvenirs : mais je comptais sur un resultat plus significatif; j'espérais que des collègues plus influents que moi, par leur mérite personnel et leur position politique (et il n'en manque pas), s'empresseraient de prendre l'initiative et de réclamer hautement l'application de ces principes. Il n'en a pas été ainsi : D'un autre côté, le *Journal de l'Ain*, dans son numéro du 10 courant, m'ayant fait, en quelque sorte, un reproche de la réserve que je m'étais imposée, le silence ne m'est plus permis.

« En conséquence, je crois devoir rappeler publiquement à mes collègues de 1834, qu'avant notre séparation il fut formellement convenu que, lors de l'avènement de la République, tous ceux d'entre nous qui, par leurs convictions comme par leurs antécédents politiques, seraient restés fidèles aux principes de la majorité, devaient se réunir à Paris et concourir efficacement à en assurer le succès.

« J'ajoute que si les circonstances l'exigent , je publierai, au besoin , la liste nominative des délégués.

« MORELLET,
« Ancien notaire à Bourg,
« Délégué de l'Ain à la réunion Républicaine de 1834.
« Bourg, 15 mai 1841. »

Voici une lettre adressée à M. Morellet par M. Jules Seguin.

« Mon cher Morellet,

«J'ai lu avec un vif intérêt le récit du résultat de notre réunion de 1834. Obligé de quitter Paris pendant nos délibérations , je vous confiais le mandat de me représenter, bien convaincu, par suite de nos explications personnelles, que vous exprimeriez fidèlement mes opinions et celles du département du Rhône sur les grandes questions qui s'agitaient alors: je m'empresse aujourd'hui, comme en 1834, à mon retour à Paris, d'acquiescer à tout votre désir et de demander l'application de ces principes concurremment avec nos collègues.

« L'ancien délégué, à l'assemblée générale de Paris,
des associations du département du Rhône ,
« JULES SEGUIN. »

Maintenant le public doit savoir quel cas il doit faire de cette fameuse société des Droits de l'homme, qui a été un embarras pour le parti Républicain , avant que d'être un obstacle pour la République actuelle.

La situation sera d'autant plus assurée et d'autant plus susceptible d'inspirer la confiance qu'elle sera plus nette, plus précise , et qu'il n'y aura de doute pour personne sur le drapeau auquel on devra se rallier.

Le document qui précède, jette sur les hommes et sur les événements du jour, une grande lumière, c'est pourquoi nous le recommandons aux méditations de tous ceux qui veulent s'instruire des affaires du pays et s'en faire une juste opinion.

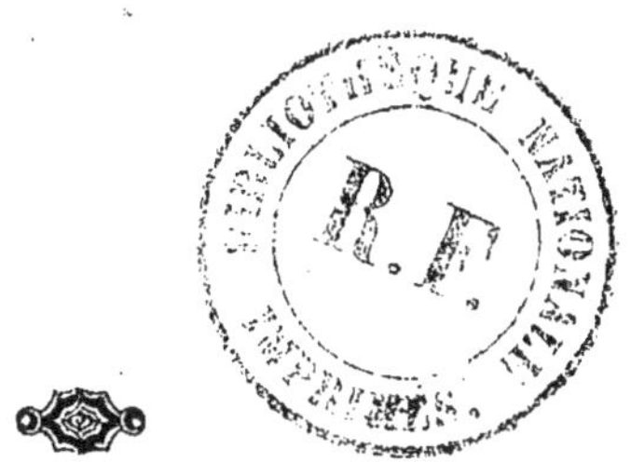

Chanoine, impr. à Lyon, 18, pl. de la Charité.